Relation

De la

CÉRÉMONIE FUNÈBRE

Célébrée à Saint-Denis

Le 25 Octobre 1824,

Pour l'Inhumation

DE LOUIS XVIII,

Roi de France.

À Nantes,

De l'Imprimerie de Mellinet-Malassis,

Imprimeur de Mgr. le Dauphin.

DESCRIPTION DU DÉCOR

Exécuté dans l'Église Royale de Saint-Denis,

Pour la grande cérémonie de l'inhumation

DU FEU ROI LOUIS XVIII,

Le 25 octobre 1824.

SAINT-DENIS est couvert aujourd'hui de voiles funèbres. Les trois entrées se dessinent en entier et presque dans toute la hauteur du portail, sur un fonds de tenture de drap noir, semé de fleurs de lys d'or. Au-dessus de la porte du milieu, deux anges tiennent des flambeaux renversés et s'appuient sur les armes de France. A l'entrée s'élèvent les statues de Saint-Denis et de ses compagnons, dont le sang a rendu la France chrétienne.

Dans l'église, les voûtes, les autels, les colonnes, tout a disparu sous des voiles funèbres, et c'est au milieu d'une vraie basilique royale, éclatante de plusieurs milliers de lumières que s'élève le cénotaphe de Louis XVIII. Toutes les tribunes de la nef, du chœur, de la croix et du sanctuaire, sont décorées de draperies en velours noir semé de fleurs de lys d'or.

Au milieu du chœur, plus haut de six marches que la nef, est placé le cénotaphe, élevé sur un emmarchement de deux marches qui comprennent la hauteur du soubassement. Sa forme principale est un carré long s'appuyant aux quatre angles sur autant de pilastres, en avant desquels s'élèvent, sur chaque face extérieure, deux colonnes entièrement isolées posant sur des piédestaux communs ; ces piédestaux, ornés de riches moulures, portent sur leur face des panneaux ornés des armes du Roi, ayant pour support des anges tenant à la main des torches renversées, le tout or sur fonds lapis. Les colonnes et pilastres, au tiers couverts de feuilles de chêne, sont ornés, dans le reste de leur hauteur, d'arabesques formés de feuilles de pavot, de palmes, de fleurs de lys et autres ornemens analogues. Les chapiteaux d'un ordre corinthien composite à volute et de deux rangées de feuilles d'Acanthe et de palmes, sont enrichies de têtes d'anges et d'étoiles ; l'entablement profilé au-dessus de chaque colonne, est denticulaire et orné, dans sa frise, de croix, de rinceaux, de torsades de chêne ; une riche dentelle, également sculptée et dessinée par des palmes et pavots, termine la corniche.

Huit anges adorateurs s'élèvent audessus des colonnes sur les belles consoles placées en diagonale et se réunissant au milieu. Au haut de la coupolequi surmonte le monument, est placé un globe d'azur couvert d'étoiles d'or ; une figure rayonnante s'élève au-dessus de ce globe : c'est celle de la religion, de cette fille du ciel descendue sur la terre pour nous consoler dans notre affliction.

Au milieu du cénotaphe, et sur un socle de la hauteur des piédestaux, s'élève le sarcophage entièrement en or, recouvert du drap mortuaire et du drap d'or avec les insignes, profilé de riches moulures taillées, et supporté aux angles par quatres anges caryatides tenant des palmes. Le plafond du cénotaphe, dessiné en compartimens, offre dans son milieu une croix étoilée et entourée de chiffres, de têtes d'anges et des attributs de la royauté. Vingt-quatre candelabres en or et lapis, surmontés de lampes funéraires, placés des deux côtés, 12 lampes sépulchrales en bronze doré, suspendues aux soffises, et un nombre considérable de chandeliers en vermeil distribués sur les emmarchemens, forment le luminaire du catafalque surmonté du pavillon royal suspendu à la voûte et orné de la couronne royale ; aux lambrequins du pavillon sont attachées 4 grands rideaux en velours noir, semé de fleurs de lys et larmes brodés de cablés, de glands et de franges en argent, et bordé d'une large bande d'hermine. En avant du catafalque, du côté du sanctuaire, sont placés, sur une crédence, le manteau royal avec les ordres, et sur un piédestal drapé en velours, le heaume à la royale, ou casque surmonté de la couronne en vermeil et pierreries, la cotte d'armes en velours violet semé de fleurs de lys d'or, l'écu de France, or sur fond d'azur, les gantelets en vermeil doublés de satin cramoisi, et les grands épérons d'or garnis aussi de velours violet et brodés de fleurs de lys.

Sur le côté gauche du chœur et appuyé contre un des gros piliers, est la chaire où S. Exc. Mgr. l'évêque d'Hermopolis, ministre des affaires ecclésiastiques et de l'instruction publique, doit prononcer l'oraison funèbre.

Sur le côté droit, près l'emmarchement du sanctuaire, est l'entrée du caveau où sera descendu le cercueil. A droite et à gauche de l'emmarchement s'élèvent, sur de grands socles, deux colonnes de feu surmontés de deux croix resplendissantes : elles annoncent l'entrée du sanctuaire, au fond duquel est érigée, derrière le maître-autel, la croix ardente de plus de 50 pieds de haut et entièrement couverte de lumières. Entre ce luminaire et celui dont nous avons parlé, 48 lampes sépulchrales en bronze doré, supportant plus de 2,000 lumières, sont suspendues à la voûte et complètent la masse du feu qui doit éclairer cette imposante et douloureuse cérémonie, dont l'impression vive et profonde s'augmentera encore par le deuil et le recueillement de nos princes.

OBSÈQUES

DU FEU ROI LOUIS XVIII,

Le 25 octobre 1824.

Un des règnes les plus remarquables de notre histoire vient de s'achever sous nos yeux. Ce prince, qui avait connu les revers comme Henri IV, les persécutions comme Louis XII, les misères des guerres civiles comme Charles V, vient d'entrer dans la royale sépulture. Ce jour a été, comme le jour suprême, accordé à ceux qui passent sur la terre, et la France a dit un dernier adieu à son roi.

Vingt ans passés, un homme qui osa prendre jusque sur l'autel une couronne forgée de l'or des conquêtes, avait r'ouvert les caveaux de Saint-Denis; il avait préparé des tombes, il avait élevé une chapelle d'expiation, il y avait attaché des portes de bronze et d'or, et il s'était dit : Là j'irai dormir sous le manteau des rois! Mais cet homme, qui avait pu occuper une place sur le trône, n'en trouva point dans la tombe royale : Dieu ne lui avait accordé que la grandeur humaine ; les statues des rois semblèrent attendre que les rois, eux-mêmes, fussent rendus à la terre sacrée. Dans l'année 1814, au mois d'avril, pendant une nuit sombre, les portes d'or et de bronze tombèrent tout-à-coup, détachées par une main invisible. C'était la nuit où le conquérant signait son abdication et restituait le trône.

Le Dieu qui avait précédé Clovis à Reims, et conduit à Chartres Henri-le-Grand, attendait leur descendant aux murs de Saint-Denis. Deux fois, sa main l'y conduisit; deux fois, les campagnes qui entourent cette antique église, virent notre roi de retour, et furent témoins de ses bienfaits. Là, il réconcilia la France avec l'Europe ; là, il la réconcilia avec elle-même. Inclinez votre front ; vous tous qui reçûtes son pardon, vous qui reçûtes ses bienfaits : peuples, prêtres, guerriers, la pierre sépulchrale est tombée, votre roi n'a plus de place sur la terre, dites à Dieu le bien qu'il vous a fait, inclinez votre front, et pleurez celui qui n'est plus ?

Nous l'avons vu, ce roi si vénérable et si sage, rentrer au milieu de ses enfans ; nous avons vu ses mains pieuses rendre au roi martyre les pompes funèbres dues à son ombre, arracher à la profanation les restes épars de ses pères, et lorsque, dans la sainte obscurité du caveau royal, entourés de ceux qui avaient été rois, à la lueur d'un seul flambeau, à côté d'un seul prêtre, nous répétions les chants de l'église, lorsque le ministre des autels ajoutait : « Priez pour le roi Louis, » nous croyions, en nous agenouillant, que le jour était loin encore où ce serait, en effet, pour le roi Louis qu'il faudrait élever la suprême prière.

Ce jour était venu pourtant. Saint-Denis avait revêtu ses pompes souveraines, car Saint-Denis a quelque chose de la royauté en commun avec Rheims. L'autel était caché sous des tentures de deuil ; des draperies noires couvraient les ogives des voûtes et le pavé de l'église ; de longues tribunes noires s'étendaient entre les piliers, d'immenses voiles noires descendaient à côté du mausolée ; mais des anges d'or surmontaient ces pilastres gothiques, des lampes d'or étaient suspendues au milieu de ces voûtes, des colonnes d'or et d'azur s'élevaient pour rappeler les anciennes tentures et les couleurs royales ; mais du sommet des arceaux de la nef, tombait jusque sur le sépulcre, une grande couronne : elle était simple et magnifique comme est la couronne de France ; il semblait que le Dieu Très-Haut l'eut jeté jusques sur ce cercueil, comme pour attester qu'au milieu de la faiblesse des hommes il n'y a de grandeur que ce qui vient de lui.

Cependant arrivait successivement tout ce qui pouvait prendre part à cette triste cérémonie : les guerriers, dont le monarque avait adopté la gloire ; les magistrats qui avaient reçu de lui l'héritage restitué de leur royale indépendance ; les prêtres dont il avait protégé les travaux et merité les prières. Entre le cercueil et l'autel étaient les pairs, les députés, les ambassadeurs ; tous, le front grave, les yeux baissés, vêtus de deuil, et gardant au fond du cœur un deuil plus profond encore. C'étaient la France et l'Europe apportant un dernier hommage au prince qui avait été l'ami de l'Europe et le père de la France ; c'était la nation entière qui venait, au moment de la séparation, bénir celui qu'elle avait désiré long-temps, et long-temps aimé.

Près du cercueil étaient l'épée, le sceptre, la couronne, semblables à ceux qui furent confiés naguères à la garde des desservans de l'église. Il y avait autrefois au trésor de Saint-Denis, et c'est un des anciens usages qu'avait consacrés la monarchie, un sceptre, une couronne, une épée, qui s'y conservaient à côté de l'oriflamme. Le jour où le roi quittait les solennités de Rheims, il venait à Saint-Denis visiter la tombe de ses pères : on ouvrait les caveaux, il se présentait seul pour y entrer, seul pour y descendre, et le prieur, lui montrant les insignes confiés à sa garde, lui disait :

« Sire ; ils sont à vous. » Le jour où le roi mort venait, à son tour, prendre la place qui lui était réservée sur les derniers dégrés du sépulcre de famille, les gardiens de Saint-Denis rapportaient sur le cercueil les insignes que le roi leur avait laissés en dépôt, et le prieur qui les présentait à genoux, disait encore, en les élevant au-dessus de sa tête : « Sire, ils sont à vous. »

Ainsi, ce qui atteste la grandeur, la justice et la force était réuni sur le manteau royal et sous le drap mortuaire ; ainsi, le roi placé encore au milieu de la nef, en présence de Dieu qui l'avait fait naître et qui l'avait fait mourir, en face des degrés par où l'on monte à l'autel, semblait venir, pour la dernière fois, demander à ce Dieu, et devant cet autel, un pardon et un avenir ; mais, à la droite du mausolée, à la hauteur de la croisée de l'église, entre le lit royal et l'autel, au milieu de tout ce qu'il y a de grand et d'illustre en France, une pierre est levée : cette pierre est celle de la sépulture ; la tombe est ouverte; il n'y a plus qu'à descendre. La France entière vient assister au départ de celui qui représentait la France. Le bruit de cette pierre, quand elle tombera, va retentir à l'oreille de tous les rois, et dans la stupeur où sera plongée la France, dans le silence où resteront les princes, une voix éloquente se fera entendre qui répétera, comme il y a trente-un ans, comme il y a un siècle : Gloire à Dieu ! *Dieu seul est grand !*

Le jour avançait, ce jour après lequel il ne devait plus y en avoir. Les préparatifs étaient achevés : trois mille flambeaux brûlaient sous ces voûtes de deuil, et contre ces colonnes d'or : les guerriers, les magistrats, les prêtres étaient venus vêtus de leurs habits de cérémonie ; ils passaient à travers de longues haies de soldats, ils s'inclinaient devant le catafalque, ils s'asseyaient à leurs places marquées.

Qui eut vu ces robes si riches, ces habits si éclatans, cette pompe inaccoutumée, cet autel resplendissant de l'éclat des flambeaux, ces longues lignes de feu qui dessinaient la vieille architecture de l'église, ces colonnes qui répandaient des flots de lumières, et ces tribunes pleines d'un peuple immense, et ces dégrés de l'autel couverts de lévites et de prêtres, eut senti ce que c'est qu'un roi qui meurt! mais qui fut descendu dans le caveau qu'on venait de r'ouvrir, et qui eût vu cette voûte obscure, ces trétaux de fer, ces cercueils parallèlement rangés, et les plantes humides qui, sorties du sein de la terre, s'étaient glissées le long des supports jusques sur le velours mortuaire, et ces épaisses couches de lichen qui couvraient les cercueils d'un voile blanchâtre comme pour les attacher à la terre, eut senti ce que c'est qu'un roi mort depuis long-tems!

Le deuil des rois est mené par les princes. M.gr le Dauphin conduisait la pompe funèbre. C'était pour lui le premier apanage qu'il eut trouvé près du trône. Destiné à l'occuper un jour, il ne pouvait oublier que dans les jours d'exil et d'infortune, le roi son oncle l'avait averti des sévères obligations que lui imposait sa naissance. Il arriva vers midi, en longs habits de deuil, suivi de sa maison, entouré des officiers du Roi son père. Il prit place et les offices commencèrent, les offices qui ne sont que des prières, que les prières communes à tous ceux qui souffrent et à tous ceux qui meurent.

Les chants étaient graves et solennels; de nombreuses voix, cachées derrière l'autel, les répétaient; des instrumens de musique les accompagnaient, et, de tems en tems, en dehors de l'église, des décharges de mousqueterie retentissaient, et jetaient dans l'âme je ne sais quel étonnement soudain. Le service continua.

L'Evêque d'Hermopolis, chargé d'annoncer les leçons de Dieu et celles de la mort, monta dans la chaire. Cet orateur était un homme dont la vie avait été consacrée à répandre et à faire aimer la parole divine. Il avait pris pour texte ces mots de l'Ecriture : *Ego occidam et ego vivere faciam, et ego sanabo; et non est qui de manu meá possit eruere.* (2.ᵉ cant. de Moïse.) « C'est moi qui fais mourir et c'est moi qui fais vivre; c'est moi qui blesse et c'est moi qui guéris; et nul ne peut se soustraire à ma souveraine puissance.

Il s'exprima ainsi :

MONSEIGNEUR,

Sans doute que l'histoire des siècles passés nous offre des époques étonnantes qui devaient laisser après elles de longues et profondes traces dans l'avenir; mais je ne sais si les annales du Monde présentent rien de

A

comparable à ce que l'Europe a vu depuis trente cinq années et s'il existe une autre époque d'une égale durée, qui soit aussi frappante par la multitude, par la rapidité, par la nature mêmes des évènemens. Où trouver ailleurs, dans un si court espace de temps, de si grandes calamités pour les peuples, de si grandes catastrophes pour les rois, et tout à la fois pour les uns et pour les autres de si merveilleuses restaurations après tant d'effroyables bouleversemens ? Et comme ici le cœur du chrétien se tourne sans effort vers celui dont la pensée se joue dans cet Univers, qui préside aux destinées des nations comme aux mouvemens des astres, et seul a le droit de dire : « C'est moi qui fais mourir, » et c'est moi qui fais vivre ; c'est moi qui blesse, et » c'est moi qui guéris ; et nul ne peut se soustraire à » ma souveraine puissance ! » *Ego occidam, et ego vivere faciam ; perculiam, et ego sanabo, et non est qui de manu meâ possit eruere.*

Voyez d'abord notre France, déchirant ses entrailles de ses propres mains, passant de ce qu'il y a de plus extrême dans la licence à ce qu'il y a de plus extrême dans la tyrannie ; faisant revivre tout le courage des anciens martyrs en déployant toute la férocité des anciens persécuteurs ; épouvantant l'univers par ses forfaits comme par ses victoires, brisant, après l'avoir adoré, l'idole sanglante de la liberté, pour courber sa tête sous le joug d'un maître ; et, ce qui n'est pas moins prodigieux, finissant par recevoir au milieu d'elle, avec transport, ce roi qui, après vingt-cinq ans d'exil, vient s'asseoir sur son trône, aussi naturellement que le père de famille, après une longue absence, se trouve au milieu de ses enfans.

Au-dehors, qu'a-t-on vu ? Le trône pontifical est trois fois abattu et trois fois rétabli. D'antiques dynasties tombent pour se relever, et des rois nouveaux ne paraissent un instant sur le théâtre du monde, que pour en disparaître à jamais. Des guerres nationales semblent pousser des populations entières sur le champ de bataille, et menacer de convertir en désert le sol qu'elles habitent. Partout la civilisation, comme le christianisme, paraît être sur le penchant de sa ruine : l'Europe est ébranlée, bouleversée, et comme démolie ; et

tout-à-coup elle est reconstruite sur ces anciens fonde-
mens. Enfin, après avoir passé par tous les genres
d'épreuves et de traverses, la religion triomphe avec son
auguste chef, rentre avec lui dans la capitale du monde
chrétien, et peut encore faire entendre sa voix du sein
de cette Rome, qui, depuis dix-huit siècles, est toujours
combattue et toujours victorieuse, et qui, destinée à
régner par l'Evangile, quand elle ne peut plus régner
par les armes, est véritablement la ville éternelle.

Que le matérialisme ne voie dans cet ensemble d'événemens que les jeux de je ne sais quel aveugle hasard,
c'est le délire de la raison humaine. Que le politique
se borne à étudier les ressorts secrets et l'enchaînement
des causes secondes qui ont dû concourir à produire ces
étranges phénomènes ! Sans dédaigner ces recherches
utiles, le philosophe chrétien porte plus haut ses pensées : il s'élève jusqu'au trône de celui qui tient dans
ses mains puissantes les rênes du monde, et sait, quand
il lui plaît, frapper les rois par les peuples, et les
peuples par les rois. Oui, sachons re connaître en
tout cette Providence qui règle le sort des empires
comme celui des particuliers; qui dompte par l'expérience les nations indociles à la raison; les ramène, comme
malgré elles, à l'autorité par la licence, aux lois par
l'anarchie, à la religion par les excès monstrueux de
l'impiété; guérit, dans sa miséricorde, après avoir blessé
dans sa justice; et redisons encore avec Moyse les paroles qu'il met dans la bouche de Dieu même : « C'est
moi qui donne la vie et la mort, et personne ne peut
» échapper à ma toute-puissance. » *Ego occidam*, etc.

Le ciel, Messieurs, a voulu que le monarque qui est
plus particulièrement aujourd'hui l'objet de nos pieux
regrets, loin d'être étranger à ces événemens extraordi-
naires, y fut mêlé sans cesse ; qu'il en ait été le té-
moin, la victime ou l'instrument ; qu'il y ait occupé
une place dont l'histoire conservera l'immortel souvenir. Le malheur l'a préparé à régner avec gloire.
Voyons-le dans la disgrace comme dans la prospérité,
tantôt enveloppé dans les desseins d'une Providence sé-
vère qui punit, tantôt servant aux desseins d'une
Providence miséricordieuse qui pardonne. Français de
toutes les conditions, de tous les âges, ne craignez pas

de fixer vos regards sur lui dans toutes les conjonctures de sa vie : vous le trouverez toujours digne d'admiration et d'amour, toujours se conduisant en Roi, dans l'infortune, par sa magnanimité, sur le trône par sa sagesse. Tel est l'éloge que nous consacrons à la mémoire de *très-haut, très-puissant et très-excellent prince Louis XVIIIe du nom, Roi de France et de Navarre.*

PREMIÈRE PARTIE.

Vers le milieu du dernier siècle, une secte impie et séditieuse éleva la voix avec l'éclat de la trompette, pour crier au peuple que le christianisme est une superstition, et la royauté une tyrannie. Elle mit en œuvre tout ce que le libertinage de l'esprit pouvait inventer pour justifier la corruption du cœur, pour inspirer la haine de la religion et le mépris de ses ministres, pour remuer dans l'homme l'amour si vif de l'ndépendance.

Partout les anciennes croyances, en sont ébranlées, les liens de la subordination se relâchent., la licence des écrits passe dans les mœurs publiques : on semble vouloir s'affranchir de toute espèce de joug, n'avoir de maître ni au ciel ni sur la terre ; et l'on peut bien dire que le trône et l'autel étaient renversés dans les opinions, avant de l'être en réalité.

C'est dans ces sinistres conjonctures que la naissance appelle au trône ce prince de sainte mémoire, d'une ame si pure, d'une raison si saine, d'une instruction si solide, d'un amour si vrai pour son peuple, et qui devait être le martyr de sa bonté comme de sa foi. Jamais prince ne fut plus digne d'être heureux, et jamais prince n'a été plongé dans un abîme plus profond de maux et de douleurs. Sa politique était dans son cœur : faut-il s'étonner qu'elle ait pu être trompée quelquefois par sa tendre humanité ? Les bienfaits qu'il répand au commencement de son règne, les réformes désirées qu'il opère, annoncent que les Français ont dans lui un père plutôt qu'un Roi. Tout semble lui promettre de brillantes destinées, lorsque quelques embarras dans les affaires publiques font agiter des questions délicates sur l'origine et l'étendue du pouvoir. Les habitudes luttent bien encore contre les doctrines nouvelles ; mais l'obéissance est trop raisonnée pour être bien profonde : l'esprit du siècle l'emporte ; bientôt un cri se fait entendre, qui devait être comme le présage de longues et violentes tempêtes.

On demande, on appelle, avec de bruyantes, clameurs, la convocation de nos anciennes assemblées politiques. Les sages sont dans la crainte, les novateurs ont tressailli de joie.

Voici donc que le meilleur, le plus confiant de tous les Rois, s'entoure de ses sujets comme un père de ses enfans. Mais à peine le grand conseil de la nation est réuni que la révolution commence. Messieurs, je ne suis point ici pour accuser les hommes ; je laisse à l'histoire le soin de nommer les personnages, de les peindre avec les traits de l'inflexible vérité, de les traduire tous, sans distinction de rang et de naissance, au tribunal de la postérité, pour y être jugés par leurs doctrines et par leurs œuvres. Je n'oublierai pas que les lèvres du prêtre doivent être *dépositaires* de la charité comme *de la science* : ce n'est pas du haut de la chaire d'un ministère de paix et devant les restes vénérables d'un prince pacificateur, que je ferai entendre des paroles de haine et de discorde ; mais, aussi, je n'aurai pas la faiblesse de taire les excès, et d'épargner l'esprit de perversité qui sera la honte éternelle de ces derniers tems.

Comment se fait-il qu'au sein d'une assemblée qui renferme tant de lumières, tant de talens et même tant de vertus, il se forme des orages qui, après avoir grondé long-tems sur le trône et l'autel, finissent par les briser ? C'est que la plupart de ses membres, plus ou moins imbus de fausses maximes, se laissent dominer par une faction irréligieuse et turbulente, qui se joue également de Dieu et des hommes, et veut ténter une expérience sur la société, au risque de la bouleverser tout entière.

On ne craint pas de dire hautement qu'il faut tout changer, changer les lois, changer les mœurs, changer les hommes, changer les choses, changer la langue, tout détruire ; oui, tout détruire, parce qu'il fallait, disait-on, tout recréer. De là cette sauvage déclaration *des droits*, qui n'était propre qu'à étouffer le sentiment des devoirs et qu'à faire de la France un amas de ruines.

Laissez-les fermenter dans les esprits , ces levains de discorde et de cupidité , et l'on verra que , pour avoir eu l'imprudence de semer de mauvaises doctrines , on aura le malheur de n'en recueillir que des crimes ; et l'on verra se vérifier cette parole du plus grand des orateurs, que là où tout le monde est maître , tout le monde est esclave.

En vain, le sage monarque, alarmé des maux dont il voit l'Etat menacé , cherche à les prévenir par une royale condescendance , qui , s'accordant avec les vœux exprimés dans toutes les provinces, devait alléger pour le peuple le fardeau des charges publiques, et satisfaire, ce semble , les esprits les plus difficiles : son autorité est méconnue comme sa bonté , et l'on ose ne voir dans les bienfaits du Roi que les présens de la tyrannie. O génération incrédule et perverse ! *Generatio perversa et incredula !* tu insultes à la main paternelle qui veut te sauver : eh bien ! le bras du Tout-Puissant va s'appesantir sur toi; long-tems tu porteras la peine de ta folle audace ; tu te rouleras de changement en changement, d'excès en excès, d'abîme en abîme ; déchirée, ensanglantée par tes propres fureurs ; opprimée par tes lois, opprimée par tes gouvernemens divers ; et tu ne trouveras de sécurité qu'à l'ombre d'institutions analogues à celles que tu repousses de la main de ton Roi , et que viendra te donner un jour son auguste frère.

Poussée , en quelque sorte, par le génie de l'impiété et de la destruction, la France ne sait plus où s'arrêter. Tout ce qu'il y a de plus monstrueux, la spoliation , le sacrilége , la corruption publique , le meurtre , sont devenus un système : aussi, les calamités et les excès de huit siècles semblent s'accumuler sur notre patrie dans l'espace de huit années. Mais, au milieu de tant de noirs forfaits, il en est un qui se fait remarquer plus que tous les autres ensemble : ma bouche se refuse à le nommer ; je ne veux qu'entendre ici la parole inspirée du prêtre du Dieu vivant : *Fils de Saint-Louis, montez au ciel.* Oui, c'est dans les cieux que je le vois , entre son héroïque sœur et le plus saint de ses ancêtres , devenu comme eux l'ange tutélaire de la France , après avoir été victime de son amour pour elle.

On dirait que cette France nouvelle, qui a cherché sa régénération dans le crime, aspire à être barbare au centre du monde civilisé, tant elle s'étudie à n'avoir rien de commun avec le reste des peuples. Ses manières, ses habitudes, sa langue, prennent un caractère hideux; les dénominations les plus ignobles sont des titres d'honneur; tout est changé, jusqu'aux noms des mois et des jours; tous les signes du culte public ont disparu; Dieu n'a plus de temple, et l'on sait pour la première fois ce que c'est qu'un peuple sans religion.

Non, la France n'est plus dans la France même; il faut la chercher hors de ses frontières : le crime est au-dedans, la gloire est au-dehors; elle s'est réfugiée dans les camps. Mais, ô lamentable effet de tant de discordes impies! Je vois des Français armés contre des Français, le frère contre le frère, le père contre le fils. Leur patrie est commune, leur valeur est égale; leurs bannières sont différentes. Un jour viendra que le mur de division qui les sépare, tombera pour jamais : il n'y aura plus ni vainqueurs ni vaincus, il n'y aura plus que des Français; leurs épées seront unies comme leurs cœurs; ils reposeront sous la même tente, ils se rallieront au même panache blanc du petit-fils de Henri IV; ils combattront, ils triompheront ensemble, au même cri d'honneur et de fidélité.

Mais ce prodige de réconciliation, à qui le devons-nous ? A ce Roi même que vous m'accusiez peut-être de perdre trop long-tems de vue, et qui a été si grand dans l'adversité. Certes, Messieurs, c'est un beau spectacle que celui d'un prince qui tombe sans se dégrader; que dis-je ? qui trouve dans le malheur une source de gloire. L'histoire dira quelles furent sa conduite et ses vues politiques dans ces premières campagnes dont l'issue devait être si funeste à sa cause, et la postérité saura que si la fortune trahit ses drapeaux, elle ne le fit jamais descendre au-dessous de ses hautes destinées. Si vous le suiviez dans les diverses contrées du midi et du nord, à Véronne, sur les bords du Rhin, à Blankenbourg, Mittau, Varsovie, Hartwel, vous trouveriez que, frère du Roi, régent du royaume, Roi enfin, il montra partout un caractère plein de force et de magnanimité.

Voulez-vous savoir quelle idée il se faisait de la royauté ? Il va lui-même vous l'apprendre. Après la mort de l'Enfant-Roi, dont les grâces touchantes, la candeur, l'innocence, n'avaient pu attendrir ses bourreaux, il écrivait à ce prince qu'il se plaisait à nommer son fils : « La sanglante couronne qui vient de tomber sur » ma tête, passera, suivant toutes les apparences, un jour » sur la vôtre. Ainsi, réfléchissez plus que jamais à » vos destinées futures, et dites-vous souvent : le sort » de vingt-cinq millions d'hommes dépendra un jour de » moi. » Paroles non moins sublimes que pleines de cette bonté naturelle à une race de princes qui n'ont jamais vu dans la royauté que le devoir de rendre les peuples heureux.

Obligé de quitter l'Italie, où il s'était réfugié, il va se placer au poste qui est le plus digne de lui ; il se rend au milieu de cette armée à laquelle le héros qui la commandait a donné son nom : ici encore ses espérances sont trompées ; mais, du moins, il aura plus d'une fois l'occasion de montrer une intrépidité plus rare peut-être que celle qui fait gagner les batailles. Je n'en citerai qu'un seul exemple. Il était à Dillingen, près du Danube, lorsqu'il est frappé à la tête d'un coup parti d'une main homicide : le sang coule ; ses fidèles serviteurs accourent alarmés. « O mon maître, » s'écrie l'un d'eux, si le misérable eût frappé une » demi ligne plus bas ! — Eh bien ! mon ami, répond » le Roi tranquillement, le roi de France se nomme- » rait Charles X. »

Fugitif, trouvera-t-il quelque part un lieu de repos ? Paul I.er lui offre un asile dans ses états, et Louis se fixe à Mittau.

C'est là que le ciel lui envoie une consolation bien douce, au milieu de tant de rigueurs. Son cœur s'occupait avec une sollicitude toute paternelle du sort de l'auguste fille du Roi son frère, il appelait de tous ses vœux le moment où il pourrait la voir auprès de lui et l'unir au jeune prince à qui sa main était destinée. Enfin elle arrive. « Elle est à nous, s'écrie le Roi : » nous ne la quitterons plus ; nous ne sommes plus » étrangers au bonheur. » A son aspect, que de larmes d'attendrissement et de joie coulent des yeux de ces ser-

viteurs dévoués, de ces gardes fidèles, qui veillent main-
tenaut autour de la personne d'un Roi malheureux,
après avoir, quelques années auparavant, bravé la
mort pour sauver cette reine aussi magnanime qu'in-
fortunée, objet de tant de haine et pourtant digne de
tant d'amour! Les deux époux seront unis sous les aus-
pices de cette religion sainte qui seule a des remèdes
pour tous les maux et des consolations pour toutes les
douleurs : un autel modeste, paré de quelques fleurs,
reçoit leurs sermens.

Ce ne sont pas ici les pompes du palais de leurs ayeux :
j'y vois quelque chose de plus grand encore dans sa
simplicité; c'est la réunion tout à la fois de ce que
l'infortune a de plus sacré, la naissance de plus illustre, la vertu de plus touchant. La fille des rois et
un petit-fils de France obligés de chercher dans ces
régions lointaines un asile pour y célébrer leur union;
quel spectacle ! Dieu de Saint-Louis, vous veillez sur
ses enfans, vous les conserverez pour nous, et nous
les verrons sur les marches du trône, pour la consolation du Roi leur père et pour le bonheur de notre
patrie.

Cependant, la France, fatiguée de ses propres excés',
soupirait après un autre ordre de choses, et tout va
prendre, en effet, une face nouvelle.

Le jeune capitaine qui, après avoir conquis l'Italie,
était allé porter la guerre en Orient, reparaît sur le sol
français : tous les regards se tournent vers lui comme
vers un libérateur ; une révolution prompte, sans être
sanglante, e place à la tête des affaires publiques,
sous une dénomination modeste, qui bientôt ne suffit
plus à son ambition immense ; dédaignant la gloire de
Monk, il aspire à être un nouveau Charlemagne, par sa
puissance comme par ses titres. Jamais homme peut-
être n'avait autant que lui conçu le projet d'une monarchie universelle. Rien ne résiste à ses indomptables
légions ; il entre en vainqueur dans la plupart des ca-
pitales de l'Europe ; il veut que sa race efface les plus
anciennes dynasties : ses frères seront rois, ses sœurs
seront reines, des princes souverains seront ses vas-
saux. Son nom seul inspire la terreur, et l'on peut lui
appliquer cette parole de l'Ecriture, que la terre est

restée, en sa présence, muette, immobile de saisissement et d'épouvante : *Siluit terra in conspectu ejus.* Son heure n'est pas encore venue : il s'élève malgré tous les obstacles, il tombera malgré tous ses efforts.

Le voilà bien au faite de la grandeur et de la puissance, et toutefois il est effrayé au seul nom de Louis XVIII, prince désarmé, errant de contrée en contrée : ses craintes mêmes sont comme un hommage rendu forcément à la légitimité. Il fait faire une proposition qu'un roi, fût-il réduit au dernier degré de l'infortune, ne doit jamais entendre. l'Europe connaît cette réponse de Louis, si souvent répétée, et que vous me reprocheriez de ne pas répéter encore en ce jour : « J'ignore » les desseins de Dieu sur moi et sur mon peuple ; mais » je connais les obligations qu'ils m'a imposées. Chré- » tien, j'en remplirai les devoirs jusqu'au dernier sou- » pir; fils de Saint-Louis, je me respecterai jusque dans » les fers ; successeur de François Ier, je veux tou- » jours pouvoir dire avec lui : *Tout est perdu, fors* » *l'honneur.* »

Ce sentiment de royale fierté ne l'abandonna jamais. Et si je n'étais borné par le temps, combien ne me serait-il pas facile d'en multiplier les exemples. Je dois maintenant vous le montrer dans sa retraite d'Hartwell, qu'il ne quittera que pour monter sur le trône de ses ancêtres. La royauté y est bien sans éclat, mais elle n'y est pas un instant sans dignité. Louis n'est pas environné de l'appareil de la puissance, mais de toute la considération que donne une haute réputation de sagesse, de lumières et de savoir. Dès son premier âge, ami des lettres et des arts, il les avait cultivés avec autant de goût que de succès ; rien n'échappait à la sagacité de son esprit, et il n'oubliait rien de ce qu'il avait une fois confié à sa mémoire. Quelle variété de connaissances ! Quelle grâce dans ses discours ! Quelle fleur d'urbanité ! Que de mots heureux, que de récits pleins de sel et de finesse, sortis de sa bouche ! Tout est simple et calme dans sa royale solitude ; ce qu'il ne commande plus par le pouvoir il l'obtient par ses qualités personnelles Et il faut bien le remarquer, Messieurs : qu'un prince tombé du trône fixe encore sur lui les regards et les hommages des peuples en paraissant sur des champs de bataille, en se signalant par des victoires ou par de glorieux revers, voilà ce qu'on a vu plus d'une fois ; mais un prince à qui il n'est pas donné d'illustrer ainsi ses disgrâces, et qui néanmoins sait conserver pendant vingcinq ans une dignité toute royale, voilà ce qui est peut-être assez rare dans l'histoire des princes malheureux. Il est vrai, le malheur a par lui-même quelque chose de sacré ; mais, s'il était seul, croit-on qu'il suffirait pour attirer constamment le respect ? Plus rapproché de la France, Louis est plus à portée de bien la connaître. Dans ses nobles et studieux loisirs, il médite sur les moyens d'en réparer les maux et de la gouverner avec sagesse. Sa conduite décèle toujours le Roi, et ne fait que le préparer à être plus digne du trône qui l'attend.

Le moment marqué dans les desseins éternels est enfin arrivé ; les enfans de Saint-Louis sont à la veille de rentrer dans leur héritage. Mais comment va s'opérer cette merveille ? C'est ici que la Providence se montre à découvert. Après tant de conquêtes, tant de trônes renversés, tant de nations subjuguées, le dominateur de la France semble dire, comme ce roi superbe d'Assyrie dont parle le prophète : « C'est moi qui ai exécuté ces » grandes choses ; ma sa gesse a été mon conseil. C'est » moi qui ai déplacé les bornes des nations, enlevé » les trésors des princes, arraché les rois de leur trône. » Les peuples les plus redoutables de la terre ont été » pour moi comme un nid de petits oiseaux sous la main » de celui qui le trouve ; ils m'ont été soumis sans » qu'il y eût personne qui osât ouvrir la bouche pour » se plaindre. »

Mais voici que Dieu, comme parle le même prophète, visite la fierté du cœur du conquérant et l'orgueil de ses yeux altiers. La victoire l'a conduit sur les confins de l'empire moscovite ; fier de ses triomphes, fier surtout de commander la plus belle armée que la terre eût encore vue, il se livre à tous les prestiges d'une ambition en délire ; par un aveuglement surnaturel, il s'obstine à poursuivre sa marche malgré la saison des frimas, et l'ancienne capitale des Czars, voit pour la première fois, une armée française dans ses murs. Forcé à la retraite, il laisse passer le moment favorable. Vous savez comment ces formidables légions ont disparu dans ces climats glacés, et chacun de nous se rappelle combien la France entière frissonna d'horreur au récit authentique de ce désastre, le plus grand dont l'histoire ait conservé le souvenir.

Dieu tient dans ses mains les destinées des nations. Le généreux Alexandre part des rives de la Newa, s'avance sur le midi de l'Europe. L'Allemagne s'ébranle ; tout s'agite sur l'Elbe et le Danube, et les trois puissans alliés marchent ensemble vers le Rhin, entraînant avec eux les princes et les peuples. Après bien des batailles gagnées ou perdues, ils franchissent nos frontières, ils envahissent nos provinces, et la capitale tombe en leur pouvoir.

Mais pourquoi donc tant de désordres et tant de combats ? Pourquoi cet ébranlement des peuples et de leurs rois ? C'est que Dieu veut rétablir l'auguste maison de France. L'Europe est en travail de cette miraculeuse restauration. Le cri de justice et d'amour qui appelle Louis au trône de ses pères, se fait entendre à lui dans sa retraite : la Grande-Bretagne s'en émeut ; le prince aimable et loyal qui la gouverne, en laisse éclater une joie qui se communique à ses sujets ; sa capitale arbore tous les signes, tous les emblêmes de la famille de nos Rois, et la population entière est devenue française. Cependant, un noble Fils de France arrive parmi nous ; il s'avance au milieu des lys et des panaches blancs, resplendissant en quelque sorte de la joie qu'il éprouve et de celle qu'il répand sur son passage. Beau jour, qui devait être suivi d'un jour encore plus beau ? Le Roi de France paraît enfin. Je ne sais quelle ivresse de bonheur s'empare de l'immense cité qui le revoit dans son sein.

Son premier soin est d'aller rendre des actions de grâces à celui par qui règnent les rois, et d'annoncer ainsi à son peuple qu'en montant sur son trône, il va s'y montrer une image vivante de la Divinité, et faire asseoir à ses côtés la justice et la clémence.

Ici, Messieurs, revenons un instant sur les événemens que je viens de rappeler, et suivons la Providence dans l'accomplissement de ses desseins à l'égard de la monarchie, de la famille royale et de la religion.

Une fausse politique, bien différente de celle qui les anime aujourd'hui, avait égaré les puissances étrangères et leur avait inspiré d'ambitieuses pensées sur la France : eh bien ! le ciel permet que les armées françaises, constamment victorieuses, déconcertent leurs projets ; le sol de la patrie ne sera point entamé, et la France de Louis XIV est encore la France de Charles X.

Les ennemis de la religion affectaient de dire, pour la rendre odieuse et méprisable, qu'elle énervait le courage, qu'avec leurs croyances et leurs pratiques, les chrétiens n'étaient pas faits pour combattre : eh bien ! le ciel permet que la chrétienne Vendée devienne la terre de l'héroisme, et fasse voir l'alliance de ce que la piété a de plus simple et de plus populaire, avec ce que le courage peut avoir de plus entreprenant et de plus audacieux.

Deux monstres, celui de l'impiété et celui de l'anarchie, semblaient devoir ravager pour toujours l'Eglise et l'Etat : eh bien ! le ciel suscite un homme qui les enchaîne de son bras puissant, relève les autels abattus, comprime ces sociétés d'autant plus ennemies des peuples, qu'elles se disent plus populaires, et sans le savoir prépare ainsi, pour les Bourbons, une France monarchique et catholique tout à la fois.

Un philosophisme, qui se croyait la sagesse, disait que la religion n'avait plus de racines dans la foi des peuples, et qu'elle tomberait si elle était abandonnée à ses seules forces ; même *il* avait espéré de faire trouver fausses les promesses de perpétuité faites à l'Eglise chrétienne par son divin fondateur. Eh bien ! le sanctuaire est dépouillé, ses pontifes sont dans l'indigence, ses prêtres languissent dans l'exil ou meurent sur les échafauds ; les choses saintes sont l'objet de la dérision publique, tous les appuis humains sont brisés, tout l'éclat extérieur a disparu ; et toutefois, quand le moment est arrivé, la religion sort toute vivante du fond des cœurs où elle s'était refugiée comme dans un asile inviolable. Ce n'est pas tout, le chef de l'Eglise est captif. Mais, qu'on ne s'y trompe pas, l'univers le contemple, sa prison a plus d'éclat que le Vatican avec toute sa magnificence, ses chaînes sont plus glorieuses que sa tiare. La renommée de ses vertus se répand au milieu des communions séparées de la sienne, et le monde entier s'étonne de se trouver catholique par un senti- ment d'admiration dont il ne peut se défendre. Enfin, le Vicaire de Jésus-Christ est rendu au peuple romain à l'époque où les enfans de Saint-Louis et de Henri IV sont rendus au peuple français.

Dieu l'a voulu ainsi pour la consolation de son Eglise et l'instruction de la terre ; et c'est bien en ce jour qu'il faut plus que jamais répéter les paroles que Bossuet, d'après les livres saints, faisait entendre sur la tombe d'une reine malheureuse : « Comprenez main- » tenant, ô Rois ; instruisez-vous, vous qui êtes » appelés à gouverner les nations. » *Et nunc Reges, intelligite ; erudimini , qui judicatis terram.*

Je passe à des jours qui sont plus particulièrement des jours de miséricorde. Je vais montrer LOUIS sur son trône, qu'il est si digne d'occuper par sa haute sagesse : sujet de la seconde partie.

SECONDE PARTIE.

Le tems de justice a fait place au tems de misé- ricorde ; la famille de nos Rois est rendue à notre amour; elle est à nous comme nous sommes à elle : on peut bien l'appeler nationale, tant elle est nécessaire au bonheur, à la durée, à l'existence politique de notre nation. Une ère nouvelle commence, qui portera dans la postérité le nom qu'elle porte aujourd'hui, celui de restauration.

C'est ici, Messieurs, qu'il importe d'être vrai sans rigueur comme sans faiblesse : s'il ne faut pas que la flatterie vienne ramper sur la tombe des Rois, il ne faut pas non plus que la haine et l'envie viennent y faire entendre leurs injurieuses clameurs. Les Rois aussi sont des hommes comme nous; plus leurs de- voirs sont étendus et difficiles, moins on doit s'étonner qu'ils participent à la fragilité commune. Soyons équi- tables, et pour bien apprécier les choses, plaçons-nous au milieu des circonstances où se trouve LOUIS en arrivant au trône.

Rassasiée de batailles et d'une renommée qui avait coûté tant de sang et de larmes et porté si souvent dans les familles le trouble et le deuil, lasse du sceptre qui pesait sur elle depuis long-tems, la France désirait à la fois et plus de repos et plus de liberté. Elle était peuplée de générations anciennes qui donnaient au passé des regrets légitimes, et de générations nouvelles qui ne connaissaient que le présent. Il ne s'agit pas de policer un peuple enfant qui entre dans la vie sociale, ni de ramener au devoir, après quelque écarts passagers, un peuple profondément religieux et docile ; il s'agit de gouverner un peuple travaillé depuis un siècle par des doctrines de licence et d'impiété, divisé par les intérêts comme par les opinions ; un peuple usé par la civilisation même, devenu étranger, du moins en grande partie, à un ordre de choses suranné pour lui et qu'il ne connaît que par l'histoire, qui s'irriterait de remèdes trop violens, qui tomberait en langueur par des remèdes trop doux. Oh ! qu'il faut une main habile et sage pour guérir tant de maux ! La France se présente à Louis, non telle qu'il l'a laissé, mais telle que la révolution l'a faite, comme se présenterait à son ancien maître une maison ruinée par le tems et ravagée par l'incendie.

Certes, Messieurs, je ne suis pas de ceux qui croient qu'il fallait élever un mur d'airain entre ce qui avait été et ce qui allait être, compter pour rien les traditions et l'expérience des siècles, renier en quelque sorte ses ancêtres et répudier leur héritage de gloire et de vertus, se laisser emporter avec insouciance, sans réflexion, sans discernement au torrent des opinions nouvelles. Le premier devoir des gouvernemens, c'est de lutter contre les passions indociles pour les soumettre au joug des lois, contre la licence pour le maintien de la liberté commune, contre l'esprit d'innovation pour le maintien de la société, contre l'impiété pour la défense de la religion, la meilleure sauve-garde des mœurs et des lois ; et c'est surtout de l'homme public qu'il est vrai de dire que sa vie est un combat perpétuel.

Mais je sais aussi qu'on est forcé plus d'une fois de respecter les ravages du temps, qu'il n'est pas au pouvoir des vivans de rappeler les morts du fond de leurs tombeaux, que le temps met dans les esprits des dispositions dont les hommes ne sont plus les maîtres, et qu'après une longue suite de secousses et de dévastations dans l'ordre religieux et politique, il peut devenir aussi impossible de reconstruire l'édifice social tel qu'il était, qu'il serait insensé de n'en rien conserver.

Que fera donc Louis ? sera-t-il exclusivement dominé par les doctrines, les habitudes, les usages dans lesquels il a été nourri, élevé dès ses premières années ? ou bien va-t-il, en novateur, quitter les routes monarchiques, pour se jeter dans ces vagues théories qui ont toujours promis la paix et la sécurité sans les donner jamais ? Il ne fera ni l'un ni l'autre. Il ne tentera pas de relever l'ancien édifice tout entier ; la plupart des pierres qui le composaient ne sont pas seulement dispersées, elles ne sont plus que de la poussière. Il se gardera bien de dédaigner le passé ; ce serait l'infaillible moyen de ne pas avoir d'avenir. Il s'attachera à rajeunir l'antique monarchie, à renouer plutôt qu'à finir de briser la chaîne des générations. Il sait que si la politique, comme la morale, a ses maximes inviolables, leur application n'a rien d'absolu ; qu'elle se modifie par l'empire des circonstances, par les mœurs, le génie et les besoins des peuples. Législateur ferme et sage à la fois, rien ne le fera fléchir devant ces doctrines d'anarchie qui, en déplaçant le pouvoir pour le confier aux caprices de la multitude, mettent dans la société un levain éternel de révolutions ; mais, en même tems, dans ce qui est commandé par l'intérêt de tous, il comprendra qu'il doit plier devant la force des choses. D'après la maxime d'un ancien, il donnera à la France les institutions qu'il la croit capable de porter, et qui ne seront à ses yeux que le développement, devenu indispensable, de celles qu'il était dans la pensée de Louis XVI de lui donner ; il laissera au tems ce qui n'appartient qu'au tems, le soin de révéler les avantages comme les imperfections de son ouvrage. Ainsi, sous la main du pilote habile qui le dirige, le vaisseau de l'état voguera sur une mer encore agitée, sans craindre les écueils. Que si la tempête vient l'assaillir de nouveau, elle n'est que passagère : le calme renaît, le génie du mal s'enfuit et disparaît pour toujours.

Louis sera donc révéré comme le restaurateur de la monarchie française. Mais que de difficultés dès l'entrée même de la carrière ? Comment d'abord le sol de la patrie sera-t-il délivré des armées étrangères qui l'occupent, qui sont en possession de ses places fortes, et qui peuvent être tentées de dicter des lois ? Messieurs, tout est possible à la sagesse, aux efforts du possesseur véritable du trône de France : la légitimité a un ascendant sur les esprits qui se fait sentir à tous ; elle exerce un empire d'autant plus assuré qu'il est moins violent ; elle porte avec elle un caractère de justice qui est imposant aux yeux même de la force. Tous les souverains ont senti qu'il était de l'intérêt de tous de respecter les droits de chacun, et, heureusement pour le repos de l'Europe, la légitimité est la première des puissances qui la régissent.

La France, il est vrai, se ressentira bien des blessures profondes qu'elle a reçues ; mais le temps en effacera les traces. Et ici, Messieurs, comment ne pas s'honorer d'être Français ? Quel pays que celui qui, après tant de bouleversemens intérieurs, tant de sang répandu, tant de trésors épuisés, tant de dévastations et de ruines, tant d'horribles impiétés, tant de désastres, suite inévitable de dissensions intestines et d'un double envahissement ; quel pays, dis-je, que celui qui, après de si longues calamités, voit les arts prendre un nouvel essor, l'industrie faire des progrès étonnans, les lois recouvrer leur empire, la fortune publique arriver à un état de prospérité que la France n'avait jamais connu, les sciences et les lettres compter dans tous les genres tant d'écoles florissantes, la religion retrouver un peuple qui reçoit avec tant de joie les pasteurs qu'on lui donne, le calme et la sécurité régner en tous lieux ! Français, voilà les bienfaits de la restauration !

Mais, en rendant justice à ce qui est, je ne dois pas me laisser éblouir par tout cet éclat de félicité publique : le caractère sacré dont je suis revêtu, la présence du Dieu de vérité, l'amour de mes concitoyens, tout me presse de signaler, de déplorer, dans cette circonstance solennelle, un mal d'autant plus redoutable qu'on s'en inquiète moins, et qui, en fomentant tous les jours dans le corps social les passions les plus désordonnées, y entretient, y développe le principe le plus actif de dissolution et de mort, mal qui suffirait seul pour déconcerter, pour ruiner toutes les combinaisons de la politique humaine ; je veux parler de la circulation de cette multitude de livres funestes qui portent dans les familles, avec les mauvaises doctrines, la corruption qu'elles justifient. Dans ce siècle tout est perverti : on dénature notre histoire en ne recueillant que des traits d'ignorance ou de scandale, en présentant les faits sous un faux jour, et la jeunesse n'apprend ainsi qu'à dédaigner nos pères comme des hommes odieux et ridicules ; on dénature la religion, en rappelant les maux dont elle a été quelquefois le prétexte, et en jetant un voile sur les biens immenses dont elle est la source. Rien n'est oublié de ce qui peut affaiblir ou même briser les liens qui doivent nous attacher aux maximes monarchiques et chrétiennes des âges passés. Dans toutes ces productions, les notions du bien et du mal sont altérées : la piété est une faiblesse ; l'obéissance, une servitude ; le respect pour le sacerdoce, une superstition ; le mépris de toute religion, une noble indépendance. Et quel est donc le fruit de tous ces enseignemens qu'on a tant de soin de faire descendre jusqu'aux dernières classes du peuple ?

C'est d'aller dessécher dans les cœurs les germes de la vertu, d'étouffer la conscience, de rendre les hommes méchans par système ; c'est de former au milieu de nous des familles sans aucun frein religieux, d'où sortent de jeunes criminels qui connaissent les raffinemens du vice presque dans l'âge de l'innocence ; c'est de faire voir sur l'échafaud des malfaiteurs qui donnent à la multitude l'effrayant exemple de mourir dans le crime sans crainte et sans remords.

Tel, vous le savez, a paru l'auteur de cet exécrable forfait qui vint, il y a quelques années, jeter dans la France entière la douleur et la consternation. Mais écartons ces cruels souvenirs pour rappeler seulement l'héroïsme chrétien de la royale victime, et l'héroïsme maternel de l'auguste veuve qui portait dans son sein la fortune de la France, et la naissance merveilleuse de cet autre Henri qui, un jour, se montrera digne de son nom.

Salut, enfant de miracle ! oui, vous vivrez, vous croîtrez dans les vertus de vos pères, vous régnerez sur nos neveux. Le Dieu qui vous a fait naître pour notre consolation, saura bien vous conserver pour leur bonheur. Que si mes pressentimens ne me trompent pas, si mes vœux sont accomplis, vous arriverez assez tard au trône pour que vous puissiez être mûri par l'expérience et par les grands exemples que le ciel aura mis sous vos yeux.

Remarquez au reste, Messieurs, comment la Providence, qui ne permet le mal, suivant Saint-Augustin, que par ce qu'elle est assez puissante pour en tirer du bien, a fait servir le crime au triomphe de la cause royale. L'autorité alarmée en devient plus vigilante ; on sent davantage où peuvent conduire l'oubli de la religion et l'amour d'une farouche indépendance ; on se rallie plus que jamais autour du trône et de l'autel. Quelques factieux pourront bien s'agiter encore ; mais leurs efforts seront vains. Rien n'a pu d'abord arrêter une révolution qui écrasait tout ce qu'elle trouvait sur son passage; rien désormais ne résistera à la force de la légitimité.

Le règne de Louis s'avance vers son terme ; mais ce prince n'a pas encore rempli toute sa destinée. Il disait luimême que le ciel l'avait appelé à fermer l'abîme des révolutions, et voilà ce qu'il exécute avec autant de fermeté que de sagesse. L'Espagne est en proie à tous les fléaux d'une anarchie dévorante ; le peuple y est d'autant plus opprimé qu'on affecte davantage de l'appeler souverain, et son Roi d'autant plus captif qu'on proclame davantage sa liberté. Là sont enseignées toutes les doctrines subversives de l'ordre social : c'est un incendie qui, gagnant de proche en proche, peut embrâser le monde encore une fois. Les rois sages qui le gouvernent ont les yeux ouverts sur le danger, et la France a reçu la noble mission de venger la cause commune. Armez-vous, prince vaillant et sage ; allez où votre roi vous envoie, où la gloire vous appelle. Jeunes et vieux soldats, tout va marcher sur vos pas avec une ardeur égale. Je vous vois traversant la péninsule en triomphateur pacifique, faisant aimer vos victoires par vos vertus ; poursuivant, enchaînant enfin le génie sanglant des révolutions, et, sujet fidèle, revenant déposer au pied de votre Roi l'épée qu'il vous avait confiée pour l'honneur de son trône et le repos de l'Europe entière.

Tout ce que nous avons raconté, Messieurs, suffirait pour bien illustrer le règne de Louis. Mais pourrai-je passer sous silence le dernier acte de sa volonté royale, qui met le comble à sa gloire, et qu'on peut nommer le testament de mort du Roi Très-Chrétien ? Et ne dois-je pas regretter que ma position présente ne me laisse pas la liberté de m'étendre sur une détermination si précieuse pour l'église de France, et qui, accueillie avec une pieuse reconnaissance par vingt-neuf millions de catholiques, ne doit faire ombrage à personne ? La religion de l'état aura donc toute la dignité qui lui convient, mais sans blesser en rien ce qui est consacré par les lois ; elle régnera sur nos cœurs non point dans un esprit de domination et de faste, mais dans un esprit de paix et de bienveillance ; toujours inflexible contre l'erreur, parce qu'elle est vérité; toujours condescendante envers les personnes, parce qu'elle est charité.

La carrière politique de Louis XVIII est terminée. Depuis quelque temps on remarquait en lui un affaissement, présage trop certain de sa fin prochaine.

Il conserve néanmoins une admirable présence d'esprit: s'il est accablé il n'est pas vaincu ; il lutte avec effort, voulant porter dignement jusqu'au bout le poids de la royauté. Il disait qu'un roi peut mourir, mais qu'il ne doit pas être malade. Il semble que la vigueur de son ame soutienne la défaillance de son corps ; les étrangers comme les Français, admis aux pieds de son trône, sont étonnés de tout ce qu'il y a encore de vivacité et de sagesse dans ses discours. Cependant ses forces trahissent son courage ; il ne lui est plus permis de quitter son lit de douleur ; dès ce moment, il désire de recevoir les sacremens de l'église: sa piété console, en l'édifiant, sa famille en pleurs. Consolé, fortifié lui-même par les secours divins qui lui ont été administrés, il se recueille pour méditer les années éternelles; bientôt après il lève un bras défaillant sur des têtes augustes et chères, et appelle sur elles toute l'abondance des bénédictions célestes.

On sait avec quelle sollicitude le peuple entourait sa royale demeure. Non, ce n'était pas une curiosité vaine qui l'animait, c'était un sentiment de tendre vénération ; il gardait un religieux silence, qu'il interrompait à peine pour s'informer de l'état de l'auguste malade, comme s'il avait craint de troubler son repos. Mais le mal a fait des progrès rapides ; on croit que le moment est venu de réciter les prières touchantes par lesquelles la religion dispose ses enfans à quitter la vie. Il entend avec résignation cette parole dure à notre faiblesse, mais pleine d'immortalité : « Partez, âme chrétienne ; » partez : » *Proficiscere , anima christiana.* Peu-à-peu la nature s'épuise ; elle succombe : le Roi a rendu le dernier soupir. Ici, de quelle scène de douleur et de désolation n'avons-nous pas été les témoins ! Nous avons vu les princes et princesses de la royale famille, baignés dans leurs larmes, tomber à genoux et baiser respectueusement cette main qui a porté le sceptre, et maintenant glacée par la mort. La funeste nouvelle se répand dans la capitale ; elle passe dans les provinces ; partout elle éveille les mêmes sentimens, et Louis XVIII est comme enséveli dans les regrets et les bénédictions de la France entière.

Il vivra dans nos annales, ce règne de dix ans qui vient de finir ; il y occupera une place glorieuse pour le monarque comme pour son peuple. C'est un vaste tableau qui ; plus que tout autre, demande à être considéré dans son véritable point de vue.

Les contemporains en sont trop rap prochés ; ils sont placés de manière à remarquer ses imperfections plutôt que ses beautés. Les générations suivantes se trouveront à une distance convenable ; pour elles les instrumens du bien comme du mal auront disparu ; elles verront bien moins les hommes que les choses, bien moins les détails que l'ensemble ; les intérêts privés, les rivalités, la diversité des opinions, les illusions de l'amitié ou de la haine ne viendront pas offusquer les esprits La postérité blâme sans amertume et loue sans flatterie, parce qu'elle juge sans passion. Si elle ne croit pas devoir tout admirer, ne sera-t-elle pas étonnée du moins qu'au milieu de si nombreux et de si grands obstacles, du choc de tant d'opinions désordonnées, Louis ait pu guérir des plaies aussi profondes, préparer le remède à celles qui restent encore, marcher avec succès vers une régénération universelle, disposer et conduire les choses de manière que le passage d'un règne à l'autre, qui pouvait paraître si périlleux, se soit effectué sans la plus légère secousse, tout aussi paisiblement que dans les plus beaux règnes de la monarchie ? Louis a laissé la France tranquille au dedans, puissante au dehors, remontée au rang politique qu'elle est faite pour occuper dans le monde civilisé, et ses regards se sont fermés sur la France restaurée par sa sagesse.

Messieurs, le Dieu qui frappe est aussi le Dieu qui console. Un prince de sage et pacifique mémoire nous a été ravi; un prince de douce et tendre espérance nous est donné. Il règne, ce prince si vrai, si noble, si français, qu'on ne voit pas sans l'aimer, qu'on n'entend pas sans être ému, dont toutes les paroles ont pour le cœur un charme qui entraîne, parce qu'elles sortent du cœur qui les inspire : il arrive au trône avec une connaissance approfondie des hommes et des choses. Chrétien, il mettra dans son gouvernement la religion qui est dans son ame. Il sait que le ciel commande aux princes la justice, comme aux peuples l'obéissance, et que, pour régner avec gloire il doit faire régner Dieu par son autorité comme par ses exemples.

Pour nous, chrétiens, écoutons les leçons que nous donne cette pompe funèbre. Le palais des rois a quelque chose d'éblouissant; la grandeur y jette un éclat qui en cache la fragilité; tout y est illusion, jusqu'au moment où la mort vient dissiper le prestige et mettre à découvert le néant de tout ce qui est humain. C'est au même lieu où le monarque, entouré des grands de sa cour, de ses vaillans capitaines, des premiers hommes de l'état, recevait les hommages de ses peuples et ceux des envoyés de l'Europe entière, c'est dans ce même lieu qu'étaient déposés ses restes inanimés; et, chose frappante, c'est sur son trône même qu'était placé son cercueil!

Mais qu'est-il besoin d'aller chercher ailleurs que dans cette enceinte des exemples de la caducité des choses humaines? Nous l'avons vue, cette basilique, remplie de tombes royales, de mausolées, de colonnes, d'inscriptions qui étaient comme la chronologie sensible des races de nos rois et des divers âges de la monarchie. Mais ce que le tems avait épargné, la fureur des hommes l'a détruit. Ces monumens ont disparu. Les tombeaux ont été violés, les cendres de quarante générations de rois ont été profanées. Tout cela ne vivra plus que dans l'histoire : même il viendra ce jour qui n'aura pas de fin, où l'histoire ne sera pas, parce qu'il n'y aura plus de tems, jour qui seul est digne, mes frères, de fixer les désirs de vos ames immortelles. Puissé-je moi-même, après avoir paru, sans doute pour la dernière fois, dans la chaire chrétienne, en descendre pénétré de cette pensée, qu'il n'est rien de grand que Dieu et rien de stable que l'éternité !

Après cette oraison funébre, les absoutes commen-cèrent. Des côtés de l'autel s'avancèrent de longues files d'enfans de chœur, une foule de prêtres sortirent des draperies qui l'environnaient : six évêques étaient à leur tête ; ils descendirent à pas lents les degrés au-dessus desquels est l'autel, au-dessous desquels est la tombe ; ils vinrent auprès du mausolée, et chacun d'eux, faisant le tour du monument, et récitant les chants de mort, semblait apporter là, comme en dernier tribut, l'hommage et la prière des provinces.

A leur tête était un prélat qui rattache l'antique origine de sa maison aux tems où la Hongrie se convertit au culte du Seigneur ; avec lui, marchaient des servi-teurs de Dieu, dont l'un avait hérité, de Saint-Remi, le droit de défendre et de faire aimer la foi ; dont l'autre avait été, jusqu'au sépulcre sacré, chercher le pardon qu'il rapportait pour le répandre ; l'archevêque de Rheims, qui reçoit les princes à leur entrée dans la royauté, et le grand aumônier qui les reçoit à leur sortie de la vie, tous réunis par une même douleur, rassemblés par un même devoir, tous priant comme Français et comme chrétiens pour un souverain qui avait protégé la religion et la France. Leurs prières sont montées vers Dieu, parce qu'elles étaient sincères ; Dieu les aura écoutées, tout un peuple priait avec eux.

A ce moment les cérémonies religieuses se termi-nèrent. Un profond silence régna dans l'église, un trouble secret occupait tous les esprits ; on attendait, on regardait, lorsque le catafalque s'ouvrit. Douze gardes-du-corps, douze soldats de ces nobles compa-gnies, à qui le Roi est confié et qui ont prouvé qu'ils en sont dignes, soulevèrent le cercueil ; le chancelier-président de la chambre des pairs, le doyen des ma-réchaux de France, le président de la chambre des

députés et le chef de la première cour du royaume,
prirent les quatre coins du poële; la France entière
accompagnait son Roi, et le roi descendait dans la tombe
prête à le recevoir.

Qui pourrait dire le saisissement de tous les cœurs,
la sombre et triste attention de tous les yeux? Autour
du mausolée étaient encore rangés les officiers de la
maison royale, les magistrats, les guerriers; au-devant,
les pairs et les ambassadeurs, les députés et les
membres du conseil; sur les dégrés de l'autel, une
foule de prêtres, d'enfans de chœur, de ministres du
seigneur, tous debout, silencieux, troublés, et dans
toutes les tribunes, aux croisées du jubé de la nef ou
du chœur, une foule de femmes, des hommes, un
peuple nombreux et pressé. Il n'y avait pas là un homme,
une mère, un enfant qui n'eût dû son repos ou son
bonheur ou son avenir au vieilard qui disparaissait à
leurs yeux.

Alors le roi d'armes de France cria : Le Roi est mort!
et trois fois il répéta ce cri sinistre. Il quitta sa cotte
d'armes, il arracha sa toque, et les jeta dans l'escalier de
la sépulture, les hérauts d'armes l'imitèrent, et se dé-
pouillèrent comme lui : ensuite il dit : M. le maréchal
de Raguse, major-général de la garde royale, apportez
l'étendard de la garde; le maréchal s'avança, portant
l'étendard que le roi avait naguère envoyé des Py-
rénées à l'extrémité de l'Espagne, l'étendard royal aussi
percé de balles qu'il est couvert de gloire; le maréchal
s'inclina devant l'autel, salua le mausolée, salua, une
fois encore, la route où le roi venait de descendre, et
remit l'étendard entre les mains du roi d'armes, qui le
jeta dans la tombe.

Le roi d'armes appela encore, et le capitaine des
gardes suisses, et les capitaines des gardes du corps ap-
portèrent de la même manière l'étendard de leurs com-
pagnies.

Il appela, et les écuyers, les gentilshommes de la
chambre, le premier écuyer, le grand chambellan ap-
portèrent les insignes et l'armure du roi, les éperons,
les gantelets, le heaume, le pennon, l'écu furent mis,
l'un après l'autre, dans le sépulcre ouvert pour le feu
roi. Le duc de Brissac, le duc de Chevreuse et le